Hieronymus Bosch
Die sieben Todsünden, 14. Jahrhundert

1

Wie immer begrüßt mich Johann sehr freundlich und öffnet die Wagentür.

„Guten Morgen, Herr Direktor, das Gepäck habe ich bereits eingeladen."

Ich steige ein. Auf dem Rücksitz liegt die FAZ. Beim Lesen der Wirtschaftsseite höre ich aus dem Autoradio die ersten Nachrichten. Der DAX-Wert unserer Aktie steht bei 26,08 Punkten. Das ist eine positive Veränderung gegenüber dem Vortag um 1,8 Prozent. Der Bildschirm des Computers, im Rücksitz des Beifahrersitzes integriert, ist noch dunkel. Diese Rituale sind mir sehr vertraut. Meine Frau Traudel, meine Haushälterinnen Gundi und Barbara sowie Sepp, der Gärtner, winken mir nach, als wir das Familienanwesen in Herrsching, eine Villa mit Zugang zum Ammersee, über den langen Kiesweg verlassen. Die beiden Hunde, Gin und Tonic, laufen uns bis zum Gartentor hinterher.

Von Karl-Heinz Hadder liegen im Verlag
Books on Demand folgende Bücher vor:

Fragende Augen der Kinder und der Jugend
ISBN 9 783 8334 7306 7

Utopika … bitte nicht ankommen!
ISBN 9 783 8370 5991 5

Krimi-Kurzgeschichten
   Tod in Noordwijk aan Zee
   Tod auf dem Neanderlandsteig
   Tod im Olympiastadion
ISBN 9 783 7562 5779 9

Mein anderes Ich
ISBN 9 783 7568 1154 0

Herstellung und Verlag:
BoD – Books on Demand, Norderstedt
ISBN: 9783753401447

Die Laster meiner Familie

Hochmut (Maria)
Neid (Bärbel)
Zorn (Franz)
Gier (Axel)
Völlerei (Rita)
Wollust (Herbert)
Trägheit (Marianne)

Diese sieben Laster, oder sieben Todsünden, seit dem 12. Jahrhundert in großen theologischen Abhandlungen und in pastoralen Schriften beschrieben, sind heute noch als Vorstellung in vielen Gesellschaften vorhanden. Die folgende Geschichte darüber ist eingebettet in eine Alpenüberquerung, von Oberstdorf nach Meran, erzählt wird von den Zerwürfnissen innerhalb einer industriellen Unternehmerfamilie.

Ein schöner Sommermorgen begrüßt uns. Über dem Wasser gibt es, wie immer frühmorgens, Nebelschwaden. Barsche, Schleie und andere Fische tauchen aus der dunklen Tiefe an die Oberfläche. Wasserflöhe und Libellen schwirren über dem spiegelglatten See. Die Schwalben schnappen nach ihnen, jedoch verfehlen sie sie fast immer. Schon als Kind habe ich dieses Treiben gerne beobachtet. Unser Bauerngarten blüht in all seiner Pracht. Und mittendrin spendet der in voller Blüte stehende Kastanienbaum Schatten für das Gemüse. Ich erinnere mich noch genau:

Mit zwölf Jahren musste ich raus aus dieser heilen Welt, in ein Internat im Schwarzwald. Das Schulgebäude lag in einem dunklen, engen Tal. Fast fünf Monate war dort Winter. Das nächstgrößere Dorf, mit tausendachthundert Einwohnern, war sehr weit entfernt. Ich konnte mich zunächst nicht an das Internat gewöhnen. Doch langsam verschwand meine frühere bunte Kinderwelt. Nur einmal in der Woche durfte ich mit mei-

nen Eltern telefonieren. In den Ferien konn-
ten wir Kinder nach Hause. Als ich vierzehn
war, starb mein Opa, der das Familienunter-
nehmen aufgebaut hatte. Er hatte mir im-
mer kleine Päckchen mit Süßigkeiten und
auch viel Taschengeld geschickt.

Johann holt mich aus meiner Gedanken-
welt zurück. Er ist nicht nur mein Coiffeur
und Butler, er ist auch mein Begleiter und in
vierzig Jahren zu einem Freund geworden.
Mit ihm kann ich über alles reden. Über Fa-
milienprobleme, aber auch stressige Auf-
sichtsratssitzen sieht und analysiert er mit
einer einfachen und menschlichen Logik.

Ich bin wie immer gespannt auf seine Mei-
nung zum heutigen Tagesablauf.

„Johann, wir fahren zuerst in die Firma."
Über die A96, nach München, ist es in
normalen Zeiten nur eine Stunde Fahrzeit.
Doch bereits nach der Auffahrt auf die Bun-
desstraße werden wir zum dritten Male in
diesem Monat durch eine Blockade von
diesmal zehn Demonstranten aufgehalten.

Einige haben sich mit den Händen am Boden festgeklebt.

Was wollen die schon wieder?

Johann hält an, steigt aus und redet wild diskutierend mit den Demonstranten. Nichts passiert. Dann steige ich aus. Pfiffe und Beschimpfungen werden mir entgegengeschleudert.

„Herr Direktor Reddering, wir sind Friedensaktivisten und protestieren gegen das neu entwickelte Waffensystem AK-KHS-01, ein Tötungsgerät für den Kampfhubschrauber Steinadler, das als reine Angriffswaffe für die Militärs dieser Welt entwickelt wurde", so der Rädelsführer.

„Ich lade euch alle für den Nachmittag zu einem Gespräch in meiner Firma ein. Dann können wir über alle Details reden" entgegne ich.

„Lasst uns bitte weiterfahren, ich habe einen sehr wichtigen Termin."

Plötzlich durchströmt ein Kribbeln meine rechte Körperseite. Meine Beine versagen. Johann steht hinter mir und hält mich fest. Die Demonstranten erstarren und sind schockiert. Der Rädelsführer wählt den Notruf, die 112. Sie rollen ihre Transparente ein und geben den Weg frei für den Rettungswagen, der bereits nach fünf Minuten mit Blaulicht angebraust kommt.

„Johann, bitte benachrichtige meine Sekretärin, Frau Mittler, sage ihr, dass sie alles in die Wege leiten soll", sind meine letzten Worte.

Ich höre aufgeregte und besorgte Stimmen. Meine Augen halte ich noch geschlossen. Meine Kinder sind gekommen. Drei Frauen haben mir sieben Kinder – vier Mädchen und drei Jungen – geschenkt. Auch bei den fünf Enkelkindern ist es eine Freude, sie beim Großwerden zu begleiten. Meine Kinder liebe ich, auch wenn sie so sehr unterschiedlich ticken, genauso wie meine Exfrauen. Wir haben uns immer dann getrennt, wenn es nicht mehr harmonisch und liebevoll war, aus welchen Gründen auch immer. Aber meine Kinder habe ich über die ganze Zeit mit guten Ratschlägen auf ihren

Lebensweg begleitet, damit sie nicht im Alter davon abweichen.

„Rühmt euch nicht des morgigen Tages, denn ihr wisst nicht, was der Tag bringt", so lautet ein Bibelspruch von Peter, einem Seelsorger und Wanderfreund.

Und: „Fast immer scheitern Erlebnisse an Sachen, die wir geliebt haben, weil wir sie nicht wiederholen können."

„Vergebung befreit, denn sie versöhnt uns mit dem, was geschehen ist", erklärte mir nach jeder meiner Scheidung Anne, meine Wanderfreundin und Psychologin.

„Du hast nie Ehebruch begangen. Wer Ehebruch begeht, ist ohne Verstand. Nur wer sich selbst ruinieren will, lässt sich darauf ein", ergänzte sie.

„Verliebtheit kann wie eine Hormonvergiftung sein."

„Warum verbinden sich denn Menschen so oft mit dem Falschen?", will ich wissen.

„Verliebtheit macht blind. Und bei dir war es immer so, dass du leider zu wenig mit dem Kopf und zu viel mit den Gefühlen entschieden hast", klärte Anne mich schonungslos auf.

Ja, sie hatte Recht. Bei meinen Beziehungsproblemen ging es immer um die Ängste, alles falsch zu machen, um Selbstzweifel, aber auch um Sex. Meine Gefühle sprangen immer zu oft auf den gleichen Frauentypus an. Und irgendwann spürte ich, das endet im Unglück.

„Und woran liegt das?", wollte ich wissen.

„Wer als Kind nicht geliebt und wahrgenommen wurde und um die Liebe der Eltern gekämpft hat, macht als Erwachsener den gleichen Fehler. Sie suchen sich wieder Partner aus, in denen sich unbewusst ihre alten Erlebnisse widerspiegeln."

Ich habe immer bis zum Ende versucht, die Ehe zu retten. Paradoxerweise gaben mir diese Versuche ein Gefühl der Vertrautheit und Sicherheit, alles richtig gemacht zu haben.

Über unsere Kinder sind wir immer verbunden geblieben. Ein kluger Ehevertrag schützte mich immer vor dem Ruin. Heute bin ich, seit zwanzig Jahren, glücklich mit meiner Frau Traudel verheiratet. Ich bin zur Ruhe gekommen. Sie tut mit jeden Tag Gutes und nicht Böses. Das Familienunternehmen ist sehr gut aufgestellt.

Aber wer soll das Unternehmen in die dritte Generation führen? Mein Vater sagte oft zu mir, du brauchst nur drei Eigenschaften, du musst mutig, tapfer und zärtlich sein. Du musst alles mutig beginnen und Scheitern ertragen können. Eine Generation geht und die andere kommt. Und weiter erklärte er, wie sein Vater die Firma aufgebaut hat und dass es in der Nachkriegsgesellschaft ein absolutes Tabu war, Schuldeingeständnisse zu machen. Man gab nicht zu, selbst in der Partei hohe Ämter innegehabt zu haben. Alles zum Wohle des Familienunternehmens. Wir lieferten damals die ersten Kampfhubschrauber nicht nur zur Verteidigung, sondern auch als Angriffswaffe, um hinter den feindlichen Linien zu kämpfen.

„Wie soll das nun weitergehen mit der Firma, dem Aktienpaket und das Familienanwesen am Ammersee?", höre ich aus dem Hintergrund Axel, den Ältesten meiner Söhne, der mich als zweiter Aufsichtsratsvorsitzender immer sehr gut vertreten hat, fragen. Er ist das komplizierteste meiner Kinder. Seine Raffgier, seine Habsucht, sein Geiz und sein zwanghafter Drang, immer mehr Reichtum haben zu wollen, ohne Rücksicht auf andere, immer mehr materiellen Besitz anhäufen zu wollen, oft unabhängig von dessen Nutzen, waren mir oft zuwider. Damit hätte er unsere Firma fast in den Ruin getrieben.

„Diese Gier ist eindeutig ein schlechtes Persönlichkeitsmerkmal", so Anne, die Psychologin und meine Begleiterin auf vielen Touren.

„Und ob Gier vererbbar ist, darüber ist die Wissenschaft noch nicht zu einem eindeutigen Ergebnis gekommen. Man weiß nur, dass das Belohnungszentrum im Gehirn zu einem schönen, rauschenden Wohlbefinden führt", ergänzte sie.

Ich erinnere mich noch genau daran, als Axel freudestrahlend in mein Büro kam und mir erklärte: „Ich habe Bitcoins im Wert von hunderttausend Euro gekauft!"

„Ist es denn sinnvoll, in eine Kryptowährung zu investieren, ist es nicht zu riskant?", entgegnete ich.

„Und wie machst du aus Bitcoins Euros? Ich weiß, dass du mit unserem Hausbänker privat sehr eng verbunden bist und er in Cum-Ex- Geschäfte verwickelt ist. Die Deals in diesen dubiosen Finanzgeschäften sind Strafdaten, die dem deutschen Staat um Milliarden geschädigt haben. Bestechungs- gelder sind Zaubersteine in den Augen des Gebers. Er hatte immer damit Erfolg.

Ratlos und verunsichert schaute er da- mals verlegen aus dem Fenster.

„Wir werden die Angelegenheit in Ruhe klären!"

Maria, meine älteste Tochter, schaute ihn zunächst kommentarlos an, aber dann sprudelte es aus ihr heraus:

„Als Kind wolltest du im Fasching nie Indi- aner oder Cowboy sein, sondern nur König mit rotem Umhang, Krone und Zepter. Wir Geschwister waren deine Untertanen und mussten kleine Spielsachen abgeben. Und beim Murmelspiel hast du immer alte kaputte gegen neue Glasmurmeln getauscht. Alles war immer zu deinem Vorteil. Du wolltest immer mehr haben und hast nie etwas abgegeben. Deine Gier wird dich eines Tages verschlingen. Und über das riskante Warentermingeschäft, bei dem du alles verloren hast, musst du dich im Vorstand erklären!"

„Ja, das stimmt. Ich habe damals zwanzigtausend Euro in fallende Rohstoffpreise investiert, auf Weizenkontrakte gesetzt. Doch nach zehn Wochen stiegen die Preise am Rohstoffmarkt. Ein Warenterminhändler aus Amsterdam drängte mich: Sie müssen nachschießen, sonst ist Ihr ganzer Einsatz verloren. So überzeugte er mich zu schnellem Handeln. Um in die Gewinnzone zu kommen, überwies ich noch mal zwanzigtausend Euro. Aber nach Abschluss des Handels war leider ein finanzieller Schaden von vierzigtausend Euro entstanden."

Peter, der Seelsorger, hatte zu allen Lebenslagen immer einen Bibelspruch parat: „Gehe nicht mit ihnen, halte deinen Fuß fern von ihrem Pfad!" Seitdem hört Axel auf solche Mahnungen.

Ich höre weiterhin mit geschlossenen Augen zu.

„Meine Damen und Herren, verlassen Sie bitte das Krankenzimmer und warten Sie im Besucherraum", versucht die Stationsschwester die angespannte Lage zu beruhigen. Aufgeregt verlassen meine Kinder das Zimmer. Nur Johann darf bleiben.

Der leitende Stationsarzt erklärt mir: „Herr Direktor, das war ein Warnschuss. Sie sind nun achtundsiebzig Jahre alt. Die gemeinsame Bergwanderung mit Ihren Kindern von Oberstdorf nach Meran müssen Sie verschieben oder anders gestalten."

Ich hatte Johann bereits vor Wochen erzählt, warum ich mit den Kindern wandern wollte. Sein erstauntes Gesicht sehe ich noch heute vor mir.

„Ich weiß, dass die unterschiedlichen Charaktere meiner drei Ehefrauen die Kinder beeinflusst haben. Nicht immer zu meiner Zufriedenheit", versuchte ich ihm damals zu erklären. „Und beim Bergwandern, mit all seinen Gefahren, will ich sehen, wie sie miteinander umgehen und einander helfen, wenn wir über einen Grat wandern, an steilen Abgründen gehen, ohne Stöcke, nur gesichert mit einer Hand an einer Seilbespannung. Eine besondere Herausforderung wird der Klettersteig mit seinen Leitern und Haken sein, wenn wir größere Höhen an schroffen Felswänden überwinden müssen."

Johann hörte gebannt zu.

„Ich will meine Kinder erleben, wie sie in Stresssituationen reagieren. So, wie es damals mein Vater mit mir gemacht hat. Zwei erfahrene Bergführer habe ich engagiert. Und drei meiner Freunde kommen auch mit."

„Und wer sind deine Freunde?", will Johann wissen.

„Peter, ein Seelsorger, Wolfgang, ein Fachanwalt für Wirtschafts- und Erbschaftsrecht, und Anne, eine Psychologin, alle drei erfahrene Bergwanderer", erkläre ich.

„Für die Kinder sind das ganz normale Freunde, die mitwandern möchten."

Johann versteht, dass er mit den Kindern nicht über diese Personalie reden soll.

Nach zehn Tagen darf ich die Klinik verlassen. Die Einladungen und das Wanderprogramm hat meine Sekretärin, Frau Zeller, rechtzeitig an meine Kinder verschickt:

„Wir treffen uns pünktlich, am Samstag, den 20. September, im Hotel „Zur Traube" in Oberstdorf, einer typisch bayerischen Lokalität mit großem Biergarten. Wir werden dann am Sonntag nach dem gemeinsamen Frühstück auf dem Europäischen Wanderweg E5 in sechs Etappen von Oberstdorf nach Meran wandern. Übernachten werden wir in einfachen Hütten. Im Etappenplan mit dem Anforderungsprofil sind neben leichter Technik und mittlerer Kondition, noch weitere unverzichtbare und empfehlenswerte Tipps aufgeführt. Der Rucksack sollte nicht schwerer als acht Kilo sein. Berg Heil. Euer Vater".

Diese abwechslungsreiche Wanderroute wird uns auf dem Fernwanderwegklassiker E5 von Deutschland über Österreich bis nach Italien führen. Die Anziehungskraft dieser Tour liegt im Wechsel und der Gegensätzlichkeit der vielen Landschaften und Vegetationszonen, die wir in einer Woche von Nord nach Süd durchwandern werden. Dieses Teilstück des Wanderweges ist circa 120 Kilometer lang. Es werden darauf 4650 Höhenmeter bergauf und 6250 Meter bergab überwunden. Zu Fuß auf den Spuren Hannibals. Aber nicht mit Elefanten, sondern mit Jumborucksäcken. Diese Entfernung, die Höhenunterschiede, die Gegensätzlichkeit der vielen Landschaften hautnah zu erleben, all das ist für mich Anreiz und Motivation, die Tour, die ich im August 2010 schon einmal gewandert bin, noch einmal zu gehen.

2

Wir treffen uns am Sonntagmorgen um 11 Uhr an der Bergschule OASE. Andreas und Benni, unsere Bergführer, jung, dynamisch und Vertrauen erweckend, begrüßen uns sehr freundlich. Ein Blick der beiden genügt. Rücksäcke werden gewogen. Klar, dass wir als Anfänger zu viel eingepackt haben. Rund zwölf Kilo, das ist eindeutig zu viel. Überflüssige Sachen werden aussortiert. Es sollen höchstens acht Kilo Gepäck mitgenommen werden.

Dann geht's los. Mit dem Bus fahren wir bis Spielmannsau, am Ende des Tals von Oberstdorf.

„Die erste Tagesetappe ist ideal zum Eingewöhnen", erklärt uns Andreas.

Es geht erst einmal nur bergauf durch den wilden Sperrbachtobel. Rita, meine zweitälteste Tochter, verliert nach einer Stunde den Anschluss. Die Gruppe wandert langsam weiter den Bergpfad hinauf. Ich bleibe stehen und warte auf Rita. „Papa, ich kann nicht mehr!"

Sie umklammert mich. Wir stolpern und rutschen etwas den Hang hinab, doch können wir uns nach einem Meter an einem Strauch festhalten. Mühsam krabbeln wir auf allen Vieren zurück auf den schmalen Bergpfad.

„Ich bin einfach zu dick, das sagt mein Mann immer öfter zu mir!"

„Ja, als Kind hast du immer zu viel Ungesundes gegessen. Ich erinnere mich genau an die dicken Schokoladeneier. Pralinen und Stangeneis mussten versteckt werden. Deine Diäten hast du nie konsequent durchgehalten. Gute Tipps von Ernährungswissenschaftlern und Arztbesuche, nichts hat geholfen.

„Wer den Magen beherrscht, vermindert die Fresslust. Aber wer von Speisen überrumpelt wird, mehrt nur die Lust zur Völlerei", hat zu mir mal ein schlauer Mensch gesagt.

„Deine Mutter hat sich nach deiner Geburt gehen lassen, bis zum Tode durch Fettleibigkeit. Ihre Völlerei führte zu einem ausschweifenden und maßlosem Leben, zumeist durch unkontrolliertes Essen und Trinken. Ihr Bedürfnis nach Freude, das Streben nach gutem Essen und danach, rauschende Feste zu feiern, wurde im Laufe der Jahre bei ihr immer stärker. Ihre Sinne wurden trüber. Sie ließ sich von morgens bis abends durch unsere Haushälterinnen bedienen. Auch beim Ankleiden musste ihr geholfen werden. Der Rundgang im Garten wurde immer schwerfälliger und am Schluss verließ sie das Haus nicht mehr."

Benni, der Bergführer, hat die Gruppe angehalten. Schöne und nicht so schöne Kommentare empfangen uns.

„Bis zur Hütte sind es noch zwei Stunden reine Gehzeit und fünfhundert Höhenmeter", versucht Benni mit leiser Stimme die Gruppe zu beruhigen.

„Hinter der Bergkuppe befindet sich die Zwischenhaltestelle der Materialseilbahn, die bis zur Kemptener Hütte führt und für den Transport von Waren aller Art bestimmt ist. Ich rufe die Hütte an." In der

Ferne taucht die Station auf. Ein am Zugseil hängender Metallkasten, der die Größe einer Tischplatte für sechs Personen hat, schaukelt leicht hin und her.

„Wer begleitet Rita?"

„Ich!", melden sich Anne und Peter.

„Nur einer kann sie begleiten."

Nach langem Zögern wünscht sich Rita Anne als Begleitperson. Vorsorglich habe ich Johann bereits aus Oberstdorf angerufen und ihn, auch auf Anraten des Stationsarztes, angewiesen, den Firmenhubschrauber startklar bereitzuhalten.

Nach zwei Stunden rückt das Tagesziel, die Kemptener Hütte, näher. Aus der Ferne sind leise Motorengeräusche zu hören. Nach etwa zwei Minuten sehen wir den Hubschrauber, der hinter der Bergkuppe auftaucht. Ich erkenne Fritz und Sepp, die Piloten, in der Glaskuppel sitzend. Auch Johann ist an Bord. Stehend wie eine Libelle, schwebt der Hubschrauber über dem Landeplatz für Rettungsflieger und landet zielgenau auf der markierten Stelle.

„Wenn wir die Hütte betreten, müssen wir die Schuhe ausziehen", erklärt uns Andreas die Hüttenregel. Im großen Schlafsaal mit einem Lager für zwanzig Matratzen sucht sich jeder seinen Platz.

„Hier sollen wir schlafen?", murmeln einige.

„Ja, so sind alle Hütten ausgestattet", beruhige ich meine Familie und ergänze: „Seit meiner Hüttenwanderung im August 2010 hat sich schon einiges gebessert. Besonders, dass der Waschraum mit einer Dusche ausgestattet worden ist."

Wir sind froh, die erste Etappe, wenn auch mit leichtem Muskelkater, überstanden zu haben. Beim gemeinsamen Abendessen sind alle gut gelaunt. Im Hintergrund hört man dezent bayerische Volksmusik. Benni und Andreas zeigen uns noch die Wanderroute des nächsten Tages. Es ist 22 Uhr und im Speisesaal wird das Licht ausgeschaltet. Jeder sucht seinen Schlafplatz auf und kriecht in seinen Hüttenschlafsack.

3

„Guten Morgen, habt ihr gut geschlafen?",
begrüße ich meine Familie.

Maria, meine älteste Tochter, stolz wie
immer, strahlt und freut sich auf den Tag.

Franz blickt zornig in die Runde. „Ich
konnte vor lauter Schnarchgeräuschen
nicht einschlafen. Ich brauche ein Einzelzimmer."

„Gibt es hier nicht", erwidert Bärbel. Wild
durcheinander werden ratsame und nicht
so freundliche Argumente vorgetragen, warum Wandern schön, aber auch doof sein
kann. Nur Marianne, die Jüngste, unser Sensibelchen, sitzt träge und teilnahmslos am
Tisch.

„Papa, ich möchte nicht weiterwandern.
Mit Rita kann ich doch im Hubschrauber
nach München zurückfliegen."

„Nein", erwidere ich. „Du wanderst weiter mit uns!"

Was habe ich nicht alles versucht, um Marianne von ihrer Lebenseinstellung: „Was soll's, mein Leben ist bereits entschieden … ich kann sowieso nichts mehr bewegen, dann brauch ich auch nichts mehr zu ändern", abzubringen.

Ihre Faulheit wurde sehr oft durch meine Exfrau unterstützt: „Das kann sie nicht, das braucht sie nicht, das ist für Marianne zu schwer!"

Ich habe ihr immer wieder Tipps gegen ihre Trägheit gegeben: „Du musst auf dich stolz sein …. treibe Sport …. esse gesund, treffe dich mit Freunden …. lerne endlich einen Freund kennen. Du, nur du allein kannst entscheiden, wie du dein Leben weiter gestalten möchtest. Du bist schließlich schon dreiunddreißig. Auch wenn du nicht glücklich bist, gibt es eine Pflicht, glücklich zu sein."

Alles hat nicht geholfen, positive Ziele, ideelle Werte wurden völlig ignoriert. Sie folgte einem Weltbild, das besagt, dass nichts einen Sinn hat. Jahrelang hat sie psychologische Unterstützung bekommen. Psychotherapie, Antidepressiva folgten. Doch

die Lebensfreude ist leider nicht zurückge-
kommen. Um ihre Zukunft mache ich mir
große Sorgen.

Benni holt mich aus meiner Gedanken-
welt. Er erklärt uns die heutige Route bis zur
Memminger Hütte.

„Wir erwarten leichtes Schneetreiben.
Die Gruppe muss eng zusammenbleiben.
Die Wanderstöcke werden uns sicheren
Halt geben", ergänzt Andreas.

„Johann, ist die Hubschrauberbesatzung
in Bereitschaft?"

„Ja, Herr Direktor, wir sind startbereit!"
Vom Piloten werden die Koordinaten für
den Anflug auf die Memminger Hütte einge-
geben. Rita und Anne, nicht Marianne, wer-
den die nächste Etappe bis zur Memminger
Hütte per Hubschrauber überwinden.

Wie schon am Vortag haben wir zunächst
etwas Glück mit dem Wetter. Von der
Kemptener Hütte aus führt ein schmaler
Steig zum Mädelejoch an der deutsch-öster-
reichischen Grenze. Hier öffnet sich der
Blick auf die Lechtaler Alpen. Wir wandern
steil hinab zur Roßgumpenalm, am Simms-

Wasserfall vorbei und weiter durch das Höhenbachtal nach Holzgau im Lechtal. Nach der Mittagsrast fahren wir mit dem Bus in das wildromantische Madautal, bis zur Talstation. Ab hier werden die Rucksäcke mit der Materialseilbahn transportiert.

Es herrscht leichter Niesel und Schneeregen. Uns erwartet ein anstrengender Aufstieg. Ein Rudel Steinböcke ist zu sehen. Faszinierend, wie sie die Hänge hinunterrennen. Spüren sie etwa schon den Wetterwechsel? Wir Zwei- und Dreibeiner wandern in kleinen Schritten weiter hinauf. Schneetreiben behindert unser normales Gehen.

„Bitte anseilen", kurz und knapp ist das Kommando von Benni, der voranschreitet. Wir stapfen eng hintereinander den schmalen Pfad entlang. Links die hohe, schroffe Felswand, rechts der steile Abgrund bis ins Tal hinab.

Plötzlich löst Marianne das Sicherungsseil. Axel, der hinter ihr geht, schaut nachdenklich zu ihr hin, reagiert aber nicht entschlossen genug. Andreas, der als Letzter die Gruppe sichert, erkennt die Gefahrenlage sofort. Er schnallt sich ab und eilt mit riesigen Schritten nach vorne. Peter, der Seelsorger, folgt ihm.

Marianne sitzt am Boden und blickt mit großen, starren Augen in die Tiefe. Behutsam nähert sich Peter ihr und spricht mit ruhiger Stimme auf sie ein.

Sie erwidert nur: „Alles ist sinnlos! Keiner liebt mich! Keiner mag mich! Ich kann und ich will nicht mehr! Draußen ist alles zu gefährlich!"

„Doch, du schaffst das! Tu es nicht! Denke an deine Familie, die dich liebt und so annimmt, wie du bist!"
Andreas hat die Situation ebenfalls sofort erkannt und geht langsam von hinten auf Marianne zu. Ein beherztes Zupacken beendet die Gefahrenlage. Marianne blickte schockiert und fragend in die Runde. Axel, der hinter ihr steht, wird jäh aus seiner Gedankenwelt gerissen und denkt wohl nur daran, welche Auswirkungen das auf das Familienunternehmen hat.

Immer wieder quälende Gedanken. Habe ich als Vater bei Marianne alles richtig gemacht mit meinen Lebensansichten? Waren meine verschiedenen Frauen nicht gut für ihr Seelenleben? Wenn die anderen Geschwister tobten, ging sie auf ihr Zimmer und wollte lieber alleine sein. Die Kinderpsychotherapeutin bescheinigte ihr, dass sie hochsensibel sei und sich deshalb schnell verloren fühle. Durch diese starken Gefühle können Krankheiten entstehen. Zum Beispiel Depressionen. War ich immer für Marianne da, wenn sie mich brauchte? Ich weiß es einfach nicht!

Nach circa drei Stunden erreichen wir die Memminger Hütte. Freudig werden wir von Rita und Anne empfangen. Spätestens heute ist jedem klar geworden, dass Ausdauer, Fitness und gut ausgerüstet zu sein für diese Tour eine Grundvoraussetzung ist.

Nach dem Abendessen sitzen wir lange schweigend beieinander. Maria holt aus einer Ecke einen alten Karton mit Unterhaltungsspielen hervor. Bei Würfel-, Brett- und Kartenspielen heitert die trübe Stimmung wieder auf.

Wie schön war es doch, als die Kinder noch klein waren.

Gegen 10 Uhr beginnt ein Schneetreiben und rüttelt gegen die Fensterläden. Der Hüttenabend ist beendet. Wir kriechen in unsere Schlafsäcke. Die starken Windgeräusche werden immer lauter.

4

Über Nacht sind fünfzig Zentimeter Neuschnee gefallen. Der nahe gelegene Seekogel ist nur schemenhaft zu erkennen. Leichte Unruhe, Ungewissheit und Zweifel breiten sich beim Blick in die verschneite Bergwelt aus. Andreas und Benni, unsere sehr erfahrenen und verantwortungsvollen Bergführer, haben längst Wetter und Anforderungen analysiert.

„Wir müssen die Route verlassen und steigen wieder ab zur Materialseilbahn."

Die geplante Route über die Seescharte und der längste Abstieg der Tour, fast fünf Stunden nur bergab, bleiben uns erspart. Dafür erwartet uns ein Höllenritt, mal steiler, mal flacher durch Schnee und Eis mit leichten Lawinenabgängen. Vor mir stapft und rutscht Franz – ein Segen für mich, dass er Schuhgröße 48 hat und eine XXL-Wetterhose trägt – den Hang hinab und legt dabei eine breite Spur. „Rutschen, Papa, du musst rutschen!", ruft er mir zu.

Mit Hilfestellungen von Herbert rutsche und stapfe ich schließlich auch zu Tal.

Mit dem Großraumtaxi kommen wir gegen Mittag in Zams, im Inntal an. Beim ersten Zwischenresümee wird die Belastung für Beine und Gelenke beim Abstieg beklagt.

Nach der Mittagsrast fährt uns das Taxi zur gemütlichen Larcher Alm. Nach zwei Tagen mit einfachen sanitären Einrichtungen in den Hütten gibt es endlich die erste warme Dusche. Im Gegensatz zu den anderen Hütten ist die Alm nicht mit großen Schlafräumen ausgestattet, sondern mit Vier- und Achtbettzimmern. Sie ist überfüllt. In der hinteren Ecke eine Gruppe älterer Mädels. Lustig ist zu beobachten, wie unterschiedlich sie in ihrem Aussehen, Gehabe und Getue sind. Trotzdem sind sie eine Wandergemeinschaft. Eine kleine, dralle Blondine blickt augenzwinkernd immer öfter zu uns rüber. Herbert, mein jüngster Sohn, saugt ihren Blick auf und lächelt zurück. Zwei Augenpaare verbinden sich.

Ich habe längst gemerkt, wie Herbert innerlich kämpft. Es ist nicht das erste Mal, dass er sich in einer solchen Situation befindet. Kopflos und triebgesteuert, vergisst er immer öfter seine eigene Familie. Die Reize der drallen Blondine lösen mal wieder Begierde und Lustgefühle in Hinsicht auf ein schnelles sexuelles, freudiges Abenteuer bei ihm aus.

Ich erinnere mich noch genau daran, wie Herbert, acht Jahre alt, unsere Haushälterin heimlich beim Auskleiden und Duschen beobachtete. Gerne rannte er dann nackig in das Badezimmer und ließ sich auf den rutschigen Boden fallen. Besorgt sprang Gustel aus der Dusche und half ihn auf die Beine. Herbert drückte sich dann immer an ihren vollen Busen und wollte sie nicht mehr loslassen, bis meine Frau ihn holte.

Und immer wieder gab es Beschwerden von seinen Lehrerinnen, die längst erkannt hatten, dass Herbert lust- und triebgesteuert war. Gespräche und Therapien brachten keine neuen Erkenntnisse. Sie liefen ins Leere. Bei Online-Datings mit mehreren Personen gleichzeitig machte er falsche Anga-

ben, indem er seine Ehe und seine zwei Kinder verheimlichte. Meist waren die Dates dann auch unbefriedigend.

Mit Peter, dem Seelsorger, habe ich oft über Herbert gesprochen. „Für uns, die Kirche, ist Wollust eine Sünde. Ihr steht die Tugend der Keuschheit entgegen. Und nach der Lehre der katholischen Kirche zieht die schwere Sünde eine Höllenstrafe nach sich, wenn man ohne Reue und Buße stirbt", ergänzte er. Das gelte auch für die anderen Todsünden.

Um 10 Uhr wird das Licht ausgemacht, wie auf allen Hütten und Almen. Ich steige mit Herbert die Stiege zu unserem Bettlager empor. Ein letzter Blick in den Waschraum. Die Dralle zwinkert Herbert noch einmal zu.

„Lege dich hin und schlafe! Morgen haben wir eine anstrengende Tour vor uns."

Gegen 11 Uhr sehe ich im Halbdunkel, wie Herbert sich aus der Stube schleicht, und ich höre, wie er die knarrende Stiege hinabsteigt.

Die Lippen der fremden Frauen triefen von Honig. Glatter als Öl ist ihr Mund. Doch zuletzt sind sie bitter wie Wermut und scharf wie ein zweischneidiges Schwert. Halte deinen Weg von ihnen fern und komme ihrer Haustür nicht zu nahe!

Das sind alles Lebensweisheiten, die ich im Laufe meines unruhigen Lebens der Bibel entnommen habe. Ich schlafe darüber ein. Herberts Rückkehr bemerke ich nicht.

5

Die Sonne strahlt, zum ersten Mal. Wir frühstücken gemeinsam am großen Tisch. Rita fühlt sich wieder fit und gestärkt. Marianne schweigt seit zwei Tagen. Eine gute Stärkung ist Voraussetzung für diese Tour, denn es geht in die Hochalpen.

Der panoramareiche Abstieg nach Wenns im Pitztal lässt den Tag gemütlich beginnen. Wir fahren mit dem Postbus nach Mittelberg und erreichen nach einer Stunde Gehzeit, pünktlich zur Mittagsrast, die Gletscherstube. Für den dortigen Aufstieg gibt es Hilfe. Die Rucksäcke werden mit der Materialseilbahn zum Gipfel transportiert. Vorbei an einem großartigen Wasserfall und der beeindruckenden Gletscherzunge des Mittelbergferners führt der Weg zur Braunschweiger Hütte.

Benni und Andreas warten schon vor der Alm. Mit kurzen Anweisungen erklären sie uns die heutige Route. Dann ergreift Maria das Wort. Wie immer selbstsicher und erhaben, lobt sie unsere Familie, aber besonders sich selbst.

„Nehmt euch ein Beispiel an mir, eurer ältesten Schwester. Ich klage und jammere nicht über die täglichen Strapazen. Ich fühle mich fit, habe mich vorbereitet und werde heute die Gruppe führen. Benni und Andreas sollen nur absichern."

Mit Peter, dem Seelsorger, habe ich oft über meine Tochter Maria gesprochen.

„Darf sie nicht mal stolz sein? Was ist so schlimm daran? Wollen wir nicht alle irgendwie toll und super sein und bewundert werden?"

„Ja!" „Hast du nicht Maria für Erfolge mit dem Satz ‚Ich bin ganz stolz auf dich' immer wieder gelobt?"

„Ja, Hochmut kommt oft vor dem Fall, das sagt man doch so. Aber Maria ist eine sehr tüchtige, strebsame und erfolgreiche Frau im Management unserer Firma", erwiderte ich.

„Und als Modell war sie ja auch sehr erfolgreich. Ich erinnere mich daran, wie sie als Kind mit sechs Jahren vor dem Spiegel posierte und mit achtzehn Miss Bayern wurde. Immer drehte sich alles um ihre Schönheit. Das hat sie von ihrer Mutter geerbt."

„Das eigene Ich als Mitte ihres Umfeldes, sich über alles zu stellen, nicht nur in der Familie, sondern auch bei Freunden und Arbeitskollegen, sich über alle Werte hinwegzusetzen – das genau ist die Aussage der Geschichte, dass Hochmut die Hauptsünde sei", klärte Peter mich vor Jahren auf, als ich ihm schilderte, wie Maria zum ersten Mal in einer Vorstandssitzung kurz über unsere weitere Firmenstrategie referierte.

Mir wird klar, dass ich diese Alpenüberquerung jederzeit abbrechen kann. Jeden Tag, jederzeit kann ich diese Entscheidung treffen zum Wohle meiner Familie. Denn welche weiteren Strapazen uns erwarten, weiß ich nicht. Bin ich immer noch bereit, den Preis für charakterliche Beobachtungen zu zahlen? Mir wird mit einem Mal klar, dass jede Entscheidung aufzuhören oder weiterzuwandern Konsequenzen hat. Manchmal

kann es der richtige Weg sein, dass man auf-
gibt, wenn man rechtzeitig umkehren kann,
ohne es als Niederlage zu empfinden.

Mit Benni und Andreas spreche ich über mein Vorhaben, mich langsam aus dem Familienunternehmen zurückzuziehen. Benni meint nur, dass diese Bergwanderung korrekt weitergeführt wird und Maria uns zur Braunschweiger Hütte führen soll.

Wie kommt es, dass ich von meinen Kindern
ein bestimmtes Verhalten erwarte?

Endlich machen wir uns auf den Weg. Maria ist es nicht anzumerken, dass sie bereits mit den ersten Schritten auf einem gefährlichen Bergpfad Verantwortung übernimmt. Wie immer, hat sie sich mit Kartenmaterial vorbereitet. Der morgendliche Wetterbericht meldet nichts Gutes. Windböen und Nieselregen sind zu erwarten.

„Wie lange sind wir denn bei diesem Wetter unterwegs?", will ich wissen. „Wenn alles gutgeht, werden wir in fünf Stunden die Braunschweiger Hütte erreichen!"

Aber wie ist nach vier Tagen der Gesund-
heits- und Gemütszustand meiner Familie?

Bärbel, die Neidische, steht wie immer im Schatten von Maria, ihrer ältesten Schwester. Auch sie fühlt sich stark genug, die Gruppe anzuführen.

Franz, der Zornige, und Axel, der Geizige, sind in einer super Verfassung. Die Höhe bekommt ihnen gut. Jeden Tag, vor dem Schlafengehen steigen sie noch ein Stück oberhalb der Hütte hinauf. Damit akklimatisieren sie sich und können besser einschlafen.

Rita, die Fresssüchtige, ist bestens gelaunt, sie hustet und keucht aber wie verrückt. Sie nimmt Medikamente dagegen und meint, sie fühle sich gut, wenn sie diese nehme. Sie benutzt ab zweitausend Metern Höhe einen Asthmainhalator.

Herbert, der Wollüstige, ist gut in Form. Harter Typ. Hat nur Probleme beim Schlafen. Typisch für hier oben. Er wacht immer wieder jäh auf und schläft dann wieder ein, bis zur nächsten Unterbrechung.

Marianne, die Träge, ist auf der ganzen Tour sehr stark, aber ruhig. Manchmal hat sie keinen Appetit. Dann isst sie wieder zu viel und hat Probleme mit Durchfall.

Heute Abend wollen wir feiern, weil Maria vierzig wird. Sie, die Stolze, ist in einer super Verfassung. Sie hat sich wochenlang vorbereitet auf diesen Tag. Endlich darf sie uns zeigen, wie klug sie ist und dass sie immer bereit ist, Führung zu übernehmen. Der Presse wird sie Berichte und Bilder senden, so hat sie es mit dem Reporter des „Bayernkuriers" vereinbart. Weiterhin hat sie der Presse mitgeteilt, dass sich sie zum Vierzigsten selbst heiraten werde.

„Ja, wir feiern heute Abend nicht nur meinen Vierzigsten, sondern als Höhepunkt auch meine Sologamie!", frohlockt sie in die Runde.

„Sologamie, was ist das?", will Bärbel, die immer neidisch ist auf ihre älteste Schwester, wissen.

Mit einfachen Erklärungen versucht Anne es zu beschreiben: „Sologamie ist die Heirat mit sich selbst. Hierbei geht es darum, verliebt in sich selbst zu sein und seine tiefsten

Wünsche und Bedürfnisse kennenzulernen."

„Ist das in Deutschland erlaubt?", will ich wissen.

„Nein!", erwidert Anne. „Rechtlich ist eine solche Hochzeit in Europa nicht erlaubt. Sie bleibt folgenlos. Prominente aus Hollywood haben diese Selbsthochzeit längst entdeckt. Und in Japan gibt es bereits Angebote für Sologamie-Pakete. Diese Selbstverliebtheit ist nicht immer auszuhalten. Und viele Ethiker klagen, dass sie die Wurzel allen Übels sei."

Bärbel steht etwas abseits von der Gruppe und hört gebannt zu. Sie ist wie immer neidisch auf ihre älteste Schwester Maria, obwohl sie von ihrem Mann und von den zwei Kindern wird geliebt.

Ich selbst bin in einer guten Form. Die Höhe, wir sind bereits auf über zweitausend Metern, bekommt mir gut. Symptome einer Höhenkrankheit wie Kopfschmerzen, Appetitlosigkeit oder Übelkeit habe ich nicht.

Nach einem langsamen Beginn geht es jetzt steil aufwärts. Anne und Peter achten mit strengen Augen auf irgendwelche Anzeichen von Schwäche. Es ist eine schreckliche Quälerei. Die letzte Stunde bis zur Hütte müssen wir an einer steilen Felswand hinaufklettern.

Verdammter Mist! Maria schaut verzweifelt auf ihre Karte und den Kompass. Die Höhenlinien sind nicht deckungsgleich. Aber Benni und Andreas leisten Hilfe und führen uns zurück auf den richtigen Pfad. Mit zweistündiger Verspätung erreichen wir die Braunschweiger Hütte.

„Das war sehr leichtsinnig von dir!", brüllt Franz beim Abendessen Maria an und ärgert sich fürchterlich über den heutigen Tag.

Schon als Kind wurde er zornig, wenn man ihn daran hinderte, ein wichtiges Ziel zu erreichen. Seine emotionalen Erregungen mit sehr unterschiedlichen Affekten konnte er nicht steuern. Beim Fußball schlug er einmal den Schiedsrichter krankenhausreif, nur weil er ein Handspiel im Strafraum übersehen hatte. Immer wieder wurde ich zur Aussprache mit seinem Klassenlehrer gebeten, weil Franz grundlos auf Mitschüler eingeprügelt hatte. Sogar für

Hausfriedensbruch wurde er einmal kurzfristig in Gewahrsam genommen.

Die Nacht vergeht. Der Wind und der Schneeregen toben am frühen Morgen weiter.

„Wenn der Sturm bis mittags nicht nachlässt, gehen wir nicht weiter bis Vent", beruhigt uns Andreas.

6

Wegen der nicht möglichen Begehung des Panorama-Höhenweges nach Vent im Ötztal haben Andreas und Benni uns bereits am Vorabend die neue Tourenänderung vorgestellt.

„Der Panorama-Höhenweg mit Blick auf die Gletscherregion der Wildspitze wäre der schönste Weg der ganzen Tour gewesen", so Peter, der diese Tour bereits gegangen ist.

Wir benutzen weiterhin die Strecke, die als Fernwanderweg E5 ausgewiesen ist. Von der Braunschweiger Hütte aus gehen wir in östlicher Richtung über das Rettenbach zum Rettenbachferner. Hier öffnet sich uns eine herrliche Aussicht auf die Ötztaler und Stubaier Bergwelt.

Wir kommen am Gletscher an. Das heißt auch: Schnee im Spätsommer. Es folgt ein letzter steiler Anstieg durch ein Geröllfeld und auf einem engen Schneepfad weiter hinauf zur Skistation. Geschafft! Adrenalin pur, Gefühle zeigen und rauslassen. Die Erregung, die ich beim Passieren der letzten Kehre empfunden habe, war kaum weniger stark als vorher das Gefühl beim Höllenritt von der Memminger Hütte runter zur Materialseilbahn. Anne erging es ebenso.

Schließlich gelangen wir mit dem Bus zum Einstieg des Fernwanderweges E5. Dieser wunderschön angelegte Wanderweg zeigt aber auch die Kehrseite der Medaille. Das Skigebiet hat Spuren hinterlassen. Nach einer Stunde verlassen wir den E5. Eine kurze Busfahrt bringt uns nach Vent.

Nachmittags können wir das wohlverdiente Weizenbier auf der sonnenüberfluteten Terrasse unseres Hotels trinken. Tatsächlich, ein Hotel! Und zwar mit allen Vorzügen wie Schwimmbad, Saunalandschaft und so weiter. Die Zivilisation hat uns wieder.

In der Ferne das Rauschen des herannahenden Hubschraubers. Sicher landet er auf der Wiese. Marianne stürmt heraus und begrüßt uns. Endlich ist die Familie wieder zusammen. Ich hatte Anne des Öfteren über Wut und Zornanfälle von Franz berichtet.

Immer wieder versuchte sie zu erklären, warum Menschen, insbesondere Franz, Zorn spüren.

„Wie war es, wenn Franz zornig wurde? Ärgern ist doch eigentlich menschlich", fragte sie in ihrer ruhigen Art.

„Er wurde immer dann zornig, wenn er daran gehindert wurde, ein für ihn sehr wichtiges Ziel zu erreichen. Das hatte oft verheerende Folgen."

„Ja, sein Selbstwertgefühl wurde dadurch verletzt", ergänzte Anne.

„Und was ist mit Bärbel, die allgemein neidisch auf alles ist, besonders auf ihre Geschwister?"

„Neid fühlt sich an wie ein böses Geschwür", versuchte Anne mir bildlich zu erklären.

„Sie muss einfach lernen, Umgang mit erfolgreichen Menschen zu haben und sie zu tolerieren. Es hat auch immer mit eigenem Versagen zu tun."

Sie erklärte weiter, dass dies meistens mit gefühlten Unfähigkeiten zusammenhänge.

„Ja, als Kind war sie immer neidisch auf ihre ältere, hübsche Schwester, die modelte.

Auch zu ihren anderen Geschwistern schaute sie immer neidisch empor. Sie konnte sich nicht behaupten. Zu mächtig waren sie für sie. "

Noch heutzutage wird nach höheren Steuern für „die Reichen" gerufen. Geschürt von „den Linken", wächst langsam eine Neidgesellschaft heran, in der keiner dem anderen die Butter auf dem Brot gönnt.

Der Neid kann aber auch eine Triebfeder sein, es besser zu machen. In einer Gesellschaft, in der niemand dem anderen etwas neidet, kann es keinen Ehrgeiz, keinen Fortschritt und keine Konkurrenz geben. Und Bärbel hat ihren Weg noch nicht gefunden.

7

Heute geht es von Österreich nach Italien und damit auch zur höchsten Hütte der gesamten Tour. Von Vent aus wandern wir gemütlich durch das Niedertal zur Martin-Busch-Hütte. Das Wetter ist gut und bleibt stabil. Nach einer kurzen Rast geht es weiter zur Similaunhütte am Niederjoch. Nahe der Hütte befindet sich die Fundstelle von „Ötzi", einem Homo Tyrolensis.

Nach der wohlverdienten Mittagsrast führt unser Abstieg durch das Tiesental nach Obervernagt im Schnalstal. Zuerst geht es sehr steil bergab. Meine Augen sind immer fest auf die Schuhe gerichtet, denn jeder Tritt muss sitzen. Die Wege sind schmal und steil, die Abgründe sehr tief. Gott sei Dank gibt es kein Schnee, Eis oder Nebel. Trotzdem muss die Gruppe dicht beieinander bleiben. Bei schwierigen Trittkombinationen ist Andreas zur Stelle. Auch das gehört zur Tour. Doch dann geht es weiter über

herrliche Wiesen und vorbei an Bergbau-
ernhöfen, die noch immer nach alter Tradi-
tion bewirtschaftet werden. Schließlich ge-
langen wir zum Vernagt-Stausee.

Anne, Peter, Wolfgang und ich beschlie-
ßen, gemeinsam die Ziellinie zu überschrei-
ten und jeden abzuklatschen. Wir alle sind
glücklich, umarmen uns und gratulieren uns
zu dieser tollen Leistung. Bei einer letzten
Einkehr, im Tisenhof, einem gemütlichen
Südtiroler Bauernhof, lassen wir diese Tou-
renwoche bei Wein und Bier langsam aus-
klingen, um die Erlebnisse und Eindrücke
der vergangenen Tage zu verdauen. An-
schließend bringt uns der Bus durch das
Vinschgau ins Meraner Hotel.

Nach dem Abendessen versammeln wir
uns im Garten zu einer kurzen Nachbespre-
chung. Andreas und Benni gratulieren uns
persönlich zu dieser tollen Leistung. Als Ge-
schenk bekommt jeder ein namentlich aus-
gestelltes und signiertes Routenbeschrei-
bungsbuch.

Axel bedankt sich bei Benni und Andreas
im Namen der Familie für die verantwor-
tungsvolle, professionelle Bergführung und

überreicht ihnen als Anerkennung ein klei-
nes Geschenk. Harmonisch verläuft der wei-
tere Abend. Jeder ist Gedanken schon auf
der Heimreise.

8

Nach fünf Stunden Fahrzeit erreichen wir leicht ermüdet die Basis „OASE" in Oberstdorf. Jetzt heißt es Abschied nehmen. Jeder auf eigene Art. Es wird geknuddelt, herzlichst gedrückt und geküsst. Melancholie breitet sich aus.

31 Stunden Gehzeit, 4200 Höhenmeter bergauf und 5850 Meter bergab mit all den damit verbundenen Strapazen liegen hinter uns.

Doch haben sie unsere Familie enger zusammengebracht? Und werde ich die richtige Entscheidung treffen, wer die Firma in die nächste Generation führen soll?

Für mich ist es immer wieder eine neue Erfahrung, dass man auf hohen Bergen, wo die Luft klar, rein und dünn ist, freier atmet, sich, trotz aller Anstrengungen, körperlich leichter und geistig heiterer fühlt. Als nähmen die Gedanken dort eine unendliche

Größe und Erhabenheit an. Im Einklang dieser Dinge atme ich eine gewisse Freude. Und ich bin ein wenig stolz, mit achtundsiebzig diese Herausforderung noch gemeistert zu haben.

„Gute Heimfahrt! Wir treffen uns in zehn Tagen in der Firma", sind meine letzten Worte, als ich den Hubschrauber besteige. Johann begrüßt mich. Wir heben ab und schweben über das Allgäu in Richtung Herrsching.

9

Es ist der Tag, an dem entschieden werden soll, wer das Unternehmen weiterführt.

„Ich begrüße euch recht herzlichst zu unserer heutigen Aussprache. Frau Zeller, meine Sekretärin, hat euch rechtzeitig die Einladung zur heutigen Sitzung zugestellt. Wer fehlt noch?"

„Marianne hat mich angerufen und mitgeteilt, dass sie und Rita etwas später kommen werden. Sie haben leider die Bahn verpasst", antwortet Maria.

„Dann beginnen wir erst in einer Viertelstunde! Und ich bitte den Anhang, Ehefrauen, Ehemänner und Enkelkinder, den Raum zu verlassen. Anne, Peter, Wolfgang und Johann sollen bleiben."

„Entschuldigung, wir haben uns leider verspätet", stürmen Marianne und Rita in den Raum und nehmen am hinteren Ende des Konferenztisches Platz, auf dem Kaffee, Tee, Kuchen und Schnittchen liebevoll angerichtet sind.

Bevor ich mit der Begrüßung fortfahren kann, greift Rita, die völlig ausgehungert zu sein scheint, bereits zu Kuchenstückchen und Käsebrötchen. Marianne schaut wie immer teilnahmslos in die Runde.

„Wie habt ihr die Alpenüberquerung erlebt und welche Eindrücke sind geblieben?", eröffne ich die Runde.

Franz ergreift sofort das Wort und beschwert sich über die riskante Führung von Maria. „Über die Inszenierung deiner Selbsthochzeit will ich gar nicht reden."

„Das ist meine Angelegenheit", kontert sie.

„Und dass Herbert nachts in fremde Hüttenschlafsäcke steigt, ist auch nicht christlich."

Herbert schweigt und grinst selbstbewusst in die Runde.

Dann meldet sich Axel: „Seit sieben Tagen sind wir zusammen. Unser Vater wollte uns noch besser kennenlernen. Jeder hat, aufgrund verschiedener Mütter, eine eigene

Persönlichkeit entwickelt. Und das ist auch gut so. Aber unser Familienunternehmen muss in die nächste Generation geführt werden. Dafür braucht es eine starke Führung. Ich habe Vater jahrelang im Aufsichtsrat vertreten und meine, dass ich die Firma weiterleiten sollte."

Stille durchflutet den Raum. Alle schauen sich an. Dann erhebt sich Grollen und Gemurmel.

„Du nicht!", brüllt ihm Franz entgegen. „Du hättest beinahe mit deinen riskanten Finanzgeschäften die Firma ruiniert. Mit deinem Geiz, deiner Gier und deiner Habsucht wird die Firma am hart umkämpften Markt nicht erfolgreich überleben können. Nein, ich bin dagegen, dass du die Firma leitest!" Marianne und Rita und verlassen schweigend den Raum.

Dann ergreift Anne das Wort und versucht zu beruhigen.

„Als Psychologin muss ich der Familie leider bescheinigen, dass das Gruppenverhalten in manchen Situationen unnötige Konflikte hervorgebracht hat. Ruhe, Zuhören und Selbstbeherrschung sind Voraussetzungen für ein gutes Zusammenleben. Wir leben nur sehr kurz, dann sterben wir und in dieser kurzen Zeitspanne können wir manchmal die Wirklichkeit nicht erkennen."

Zum Schluss bitte ich Wolfgang, den Fachanwalt für Wirtschaft und Erbrecht, über das weitere Vorgehen zu berichten.

„Liebe Familie. Euer Unternehmen soll in die vierte Generation geführt werden. Deutschland ist ein Land der Familienunternehmen. Sie machen fast neunzig Prozent aller Firmen aus. Doch in allen Familien wird oft darüber gestritten, wer das Unternehmen weiterführen soll. Jedes Detail wird geregelt. Es geht um das Werk, Grundstücke, Häuser, Ferienwohnung, Erbschaftssteuer. Die Aldi-Brüder, von Deutschlands größter Discounterkette, haben sich nach jahrelangem Streit getrennt. Über das Zerwürfnis gibt es verschiedene Spekulationen. Der Streit soll ausgebrochen sein, als Tabakwaren in die Produktpalette aufgenommen werden sollten. Karl Albrecht war dagegen. Theo wollte sie im Sortiment haben. Wie das endete, wissen wir Alle. Aldi Nord und Aldi Süd sind heute getrennte Firmenfilialen. Und mit dem Tod der Aldi-Brüder ist der Streit um das Erbe innerhalb der Familie nicht beendet."

„Und wie ist das bei uns geregelt?", will Axel wissen. „Mein Vater hat noch drei Geschwister."

„Beruhige dich! Solange der Erblasser selbst Kinder hat, sind sie Erben erster Ordnung."

Dann wende ich mich an meine Kinder: „Was wir zusammen erlebt haben, war großartig und einzigartig. Im Leben ist jede Vorbereitung auf den Tod sinnlos." Das hatte mir Peter erklärt.

„Mein Fazit: Kleinigkeiten, die ich bei euch erkannt habe, bedeuten immer etwas!"

„Aber was?", will Axel wissen.

Alle schauen mich an.

„Es ist nicht schlimm zu sterben, aber es ist schlimm, aufhören zu müssen. Ich werde so lange weitermachen, bis …"

Von Karl-Heinz Hadder liegen im Verlag Books on Demand folgende Bücher vor.

Fragende Augen der Kinder und der Jugend

Ratgeber und Sachbuch für Eltern und Großeltern

Ein Buch, das beiträgt zur Entspannung zwischen Eltern und Kindern. Ein gesellschaftskritisches Familienbuch mit

>>> Interaktive Mitgestaltung <<<

„Manche Erziehungsmethoden von Karl-Heinz Hadder sind nicht nur abschreckend, sondern führen direkt ins Gefängnis." Martina Thöne (WZ, 8.4.2008) über das Buch: „Kinder sind nun mal gefährdet. Aber Eltern können den Versuchungen frühzeitig entgegensteuern."

Eine solch geballte Ladung Aufklärung kann, verpackt in kleine Geschichten, druckfrisch an Rat suchende Leser weiterempfohlen werden. Es ist kein wissenschaftliches Buch, aber es werden Beispiele angeführt, die Lösungsansätze aufzeigen.

Utopika … bitte nicht ankommen!

… haben Partnerschaftshoroskope Recht?

Der „Lokal Anzeiger Erkrath": In diesem Buch wird dem Leser sehr unterhaltsam, erotisch und frivol die Geschichte von zwei unterschiedlichen Charakteren – Paula und Joachim – erzählt. Paula ist Mitte vierzig, studierte Astrologin und Lebensberaterin, sie führt eine Partnervermittlungsagentur. Joachim ist nur Mensch. Die Begegnungen dieser Hauptfiguren sind eingepackt in die Welt der Astrologie. Im ersten Kapitel „... gibt es Sie wirklich?" treffen diese beiden Charaktere aufeinander. Doch so einfach endet das nicht...

Dies ist *kein* Leitfaden für Partnerschaftsfragen. Die Ausführungen zur Astrologie beantworten nicht eindeutig, ob Partnerschaftshoroskope Recht haben. Die Botschaft lautet: *Aufbruch* – aber das haben Sie eigentlich auch schon vorher gewusst, oder?

Krimi-Kurzgeschichten

Der „Lokal Anzeiger Erkrath" über das Buch:

Tod in Noordwijk aan Zee

Ein Professor wird entführt. Unter Androhung seines Todes soll er die Weltklima-Formel preisgeben.

Tod auf dem Neanderlandsteig

Ein Serienkiller tötet Wandergruppen aus anderen Kulturkreisen.

Tod im Olympiastadion

Eine auf Vergeltung und Rache abzielende Aktion als Reaktion auf einen tödlichen Angriff.

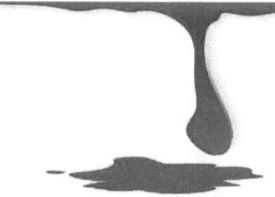

Mein anderes Ich

Der „Lokal Anzeiger Erkrath" und die Digital-Zeitung „erkrath.jetzt" über das Buch: „Warum muss ein Junge unter einer autokratischen, repressiven Regierung, die für Unterdrückung, gezielte Willkür und Machtmissbrauch steht, queere Gefühlswelten durchleben?

Im Sonderprogramm „Knaben" sollen Eltern männlichen Nachwuchs für das Vaterland zeugen. Aber was ist falsch gelaufen? Dragan ist ein brillanter, intelligenter, hochbegabter Junge, der schon früh über ein breites Wissen verfügt.

Aufstieg und Rückfall begleiten sein Leben."

Notizen